AF240412

LETTRE

A MONSIEUR ***,

Mi-Juillet 1781.

Sine ira & studio........ Tac.

> Je le dirai toujours : Il faut que la mémoire du Général se taise au sujet du Gouverneur, ou que celle du Gouverneur puisse répondre.
>
> *Second plaid. de M. d'Epr.*

AVERTISSEMENT.

MESSIEURS les Auteurs, Editeurs ou Rédacteurs des *Mémoires Secrets*, ont été mal informés sur l'article rapporté dans leur 15ᵉ Volume, sous la date du 16 Août 1780. Premiérement *l'intervention réduite à sept raisonnemens*, n'étoit ni antérieure ni relative à ma Lettre à M. de Serres de la Tour. En second lieu c'est une erreur d'attribuer à M. d'Eprémesnil, qui n'en a pas eu connoissance le premier, (*a*) ce petit écrit (j'entends ma *Lettre*) pour lequel je n'avois eu d'autre instigateur, d'autre guide & d'autre coopérateur que l'amour de la Justice & de la vérité, ne favorisant ici ni Galba, ni Othon, ni Vitellius, & n'étant pas plus à Apollon qu'à Céphas. Aussi a-t-on raison d'assurer dans ces *Mémoires Secrets*, que j'ai toujours pour maxime : *Audire & alteram partem.*

En analysant par esprit de philanthropie & d'impartialité, les raisons d'un Magistrat distingué par son Patriotisme, ses lumieres & son intégrité, que certaines gens se permettoient de déchirer sans le connoître ni le lire, je ne crois pas avoir eu l'ombre d'animosité ou de prévention contre un Militaire, dont quelques personnes m'ont fait de grands éloges, lorsqu'elles m'en ont dit en bien près du centieme de ce qu'une foule innombrable m'avoit dit en mal du feu Général de l'Inde. « Je n'étois
» pas plus que vous à Pondichery, mandois-je à un
» Homme de Lettres, & vous n'étiez pas plus que
» moi à Fontenoy ; mais il est une certitude morale,
» & le rapport de 60 témoins oculaires m'a tellement frappé
» que sans mon aversion pour l'ironie, surtout en matiere
» aussi grave, j'aurois comparé certaines assertions à celles
» d'un Homme, qui soutiendroit que le Duc de Cumberland avoit battu le Maréchal de Saxe. . . . .
» n'oubliez pas surtout que la part qu'un particulier désintéressé prend à cette grande affaire, est celle d'un Homme
» & d'un Citoyen pour qui les mots d'*Ordre* & de *Vertu*
» ne font pas de vains Sons. . . . . en certains cas la
» justification du crime n'équivaut-elle pas à la condamnation de l'innocence ? »

(*a*) J'affirme qu'il ne connoît & ne soupçonne même pas encore cette présente production, dont rien à la vérité ne l'empêchera d'avoir bientôt connoissance, ne fût-ce que par égard pour la généreuse confiance, avec laquelle il m'a communiqué tout ce qui s'est imprimé contre lui. Je sais qu'il applaudiroit tout le premier, si j'avois le bonheur de trouver & de saisir un moyen honnête de contribuer à la satisfaction ou consolation de son Adversaire, dont la position doit attendrir, & dont la procédure peut révolter.

LETTRE

A Monsieur * * *,

Mi-Juillet 1781.

Gallus sum; Gallici nihil à me alienum puto.

MALGRÉ le ridicule que le persiflage moderne attache aux nobles élans du plus légitime enthousiasme & du plus pur patriotisme, j'espere, MONSIEUR, que votre cœur ne blâmera pas le mien, d'être pénétré des sentimens qu'exprime cette Épigraphe. Bien qu'il soit aujourd'hui reconnu que de presque tous les échecs essuyés par la Nation, sous le feu Roi, tant sur Terre que sur Mer, il n'y ait eu d'autre cause évidente que l'incapacité, la mésintelligence ou l'insubordination de plusieurs Chefs, dont quelques-uns se sont cruellement vengés

pendant la paix fur des Troupes inno-
centes & déja victimes dès fautes qu'elles
n'avoient point commifes à la guerre,
je fuis loin d'adopter l'opinion par trop
févere de ceux qui demandent fans ceffe
des exemples fur les principales Têtes.
Mais un Gouvernement ne rifqueroit-il
pas de devenir moins humain que fan-
guinaire, fi comblant en certains cas
fes principaux Mandataires d'une indul-
gence portée jufqu'à l'impunité, il févif-
foit jufqu'à la cruauté contre de foibles
Particuliers ou contre des Subalternes
prefque fans conféquence ? Cette inéga-
lité de juftice me paroîtroit auffi contraire
aux principes de la Morale, qu'au but
de la Difcipline Militaire, à celui de la
Police civile, & aux véritables intérêts de l'Etat.

En vous laiffant, MONSIEUR, le foin
de comparer ces réflexions à celles de
ma Lettre imprimée fous la date de la
mi-Juillet 1780, je vais foumettre à vos
lumieres l'expofition de quelques Paffa-
ges d'Ecrivains très-diftingués, fur une
affaire dont la fource, la conduite &
l'iffue ne peuvent être indifférentes à un
bon François. Les parenthefes courtes
& fimples dont j'ai naïvement entremêlé

cette tranfcription littérale, ne tendent nullement à vous annoncer de ma part un jugement auffi peu décent, auffi téméraire & auffi prématuré que celui de certain Critique qui blâmant les interventions des Intéreffés, s'avife d'intervenir lui-même dans les affaires (*) à la fois

---

(*) Nul Particulier n'a le droit d'anticiper fur le Jugement que porteront les Tribunaux faifis d'un grand Procès. Mais qui pourroit fe laiffer prévenir contre un Gentilhomme, un Magiftrat noblement jaloux de tranfmettre à fon Fils un Nom auffi pur qu'il l'a reçu de fon Pere ? Sous un Regne jufte, & chez une Nation délicate fur l'honneur, il n'en fera pas comme à Rome aux temps de fa décadence, où les cabales de Verrès & de Catilina, celles de Bœbius Maffa, de Cecilius Claflicus, de Marius Prifcus, de l'infâme Certus, parvenoient quelquefois, à force de manege & d'impoftures, à fe faire, jufques parmi les hommes de mérite, des partifans féduits au point de traiter de bavardage les éloquens Plaidoyers de Ciceron & de Pline le Jeune contre ces Prévaricateurs publics. S'il eft vrai que l'évidence naiffe de la libre contrariété ou difcuffion des idées, comme l'étincelle jaillit du choc & du frotement des pierres, rien de plus utile & de plus défirable que l'intervention de M. d'Eprémefnil, pour l'éclairciffement d'une affaire où l'honneur d'une Armée, d'une Colonie, de deux Cours Souveraines, & peut-être de toute une Nation paroît fenfiblement compromis, & fur laquelle l'Afie & l'Europe ouvrent des yeux attentifs,

les plus graves pour les Parties, & les plus étrangeres à son Ouvrage & à sa personne. Je n'ai d'autre but, MONSIEUR, que de vous demander des éclaircissemens qui m'apprennent si MM. Duval d'Eprémesnil seroient plus coupables de défendre la mémoire de M. Duval de Leyrit contre certaines assertions imprimées, que MM. de Lamoignon ne l'ont été de venger celle d'un de leurs plus illustres Ancêtres, des imputations répandues dans la Brochure intitulée : *Pieces Intéressantes*. Balthazar de Fargues avoit pourtant un fils..... un fils peut-être légitime.

EXTRAITS de M. l'Abbé RAYNAL,

Hist. des 2 Ind. édit. in-4°, 1775, *Tom. 1, Liv. IV, Ch. 81, pp. 454—456.*

LE Général qu'on chargea de la guerre de l'Inde, crut devoir renverser un Edifice qu'il ne falloit qu'étayer dans des temps de troubles, & il publia ses idées avec un éclat qui ajoutoit beaucoup à l'imprudence de ses résolutions. Cet homme dont le caractere indomptable étoit presque toujours en contradiction avec

les circonſtances, avoit reçu de la na-
ture les qualités les moins propres au
commandement. Dominé par une ima-
gination ſombre, impétueuſe, irrégu-
liere, ſes diſcours & ſes projets, ſes
projets & ſes démarches formoient un
contraſte continuel. Emporté, ſoupçon-
neux, jaloux, abſolu à l'excès, il inſpira
une méfiance, un découragement uni-
verſels; il excita des haines qui ne ſont
pas aſſouvies. Ses opérations militaires,
ſon adminiſtration civile, ſes combinai-
ſons politiques, tout ſe reſſentit du dé-
ſordre de ſes idées. L'évacuation de
l'Iſle de Schéringham fut la principale
cauſe des malheurs de la guerre du Tan-
jaour. On perdit Mazulipatan & les
Provinces du Nord, pour avoir renoncé
à l'alliance de Salabetzingue...........
Pondichery livré aux horreurs de la fa-
mine, fut obligé de ſe rendre le 15 Jan-
vier 1761. Lally avoit corrigé la veille
un projet de Capitulation dreſſé par le
Conſeil; il avoit nommé des Députés
pour le porter au Camp Ennemi, & par
une contradiction qui le peint, mais
dont les ſuites ont été fatales, il chargea
ces mêmes Députés d'une lettre pour le
Général Anglois, auquel il marquoit :

A 4

Qu'il ne vouloit point de Capitulation, parce que les Anglois étoient gens à ne pas la tenir...... (*Voyez la Correspondance de M. de Leyrit.....*) Il (*l'Arrêt*) déclare Lally convaincu *d'avoir trahi les intérêts du Roi, de son Etat & de la Compagnie des Indes.* Qu'est-ce que trahir les intérêts ? Où est la Loi qui ordonne la peine de mort pour ce délit vague & indéfini ? (*Les Mémoires de M. d'Eprémesnil l'accusent formellement d'horreurs positives & très - circonstanciées.*) Il n'en existe, il n'en peut exister aucune. La disgrace du Prince, le mépris de la Nation, l'opprobre public, font les châtimens destinés à l'homme incapable ou insensé qui a mal servi l'Etat, (*Foible punition dans un grand Etat corrompu par le luxe, pour un scélérat millionnaire* ;) mais la mort, & la mort sur l'échafaud, pour la mériter il faut des crimes d'un autre genre. L'Arrêt déclare encore Lally convaincu de *vexations, d'exactions, d'abus d'autorité.* Nous n'en doutons pas. Il en a commis sans nombre. (*quel aveu !*) Il a employé des moyens violens pour se procurer des ressources pécuniaires (*moyens ou ressources des brigans*) ; mais cet argent a été versé dans le trésor public (*ce qu'on nie*) ; il a vexé, il a tourmenté des Citoyens ; mais il n'a point attenté à leur vie, il n'a point attenté à leur honneur. (*On établit au procès qu'il n'a pas toujours plus respecté l'honneur & la vie, que la fortune & le repos de ceux qui avoient le malheur de lui déplaire.*) Dans la vérité c'étoit un fou noir & dangereux, un homme odieux & méprisable, un homme essentiellement incapable de commander aux autres. (*Un homme qui s'est attiré ces qualifications au moral, au civil & au militaire, par la conduite atroce qu'il a tenue durant trois années dans le Commandement en Chef d'une grande Colonie lointaine!...*) Mais ce n'étoit ni un concussionnaire, ni un traitre (*Voyez le procès*) & pour nous servir de l'expression d'un Philosophe dont les vertus font honneur à l'humanité, *tout le monde avoit droit de tuer Lally, excepté le Bourreau ; (mais le Magistrat n'est-il pas l'interprete & l'organe, & le sujet désigné n'est-il pas l'exécuteur & l'instrument des Loix vengeresses & conservatrices de la Société ? Notez de plus que le Philosophe cité disoit récemment, à la lecture du RÉSUMÉ AU ROI, que cet homme qui trouve des Apologistes, méritoit d'être écorché vif.*)

Tom. 2, *Liv.* X, *Ch.* 56, *pag.* 337.

On saisit un Amiral qui avoit laissé prendre l'Isle de Minorque ; on le jette dans les fers, on l'accuse, on le juge, on le condamne. Ni son Rang, ni ses talens, ni sa Famille, ni ses Amis ne peuvent le sauver de la sévérité de la Loi. Le mât de son Vaisseau lui sert d'échafaud. L'Europe entiere, en apprenant cet événement tragique, fut frappée d'un étonnement mêlé d'admiration & d'effroi. (*Pourquoi dire* ADMIRATION *, plutôt qu'*HORREUR *?*) La mort de Byng, coupable ou non, (*Philosophe humain & sensible, Apôtre ou Prêtre déclaré de la Religion naturelle, est-ce vous, Abbé Raynal, qui confondez si flegmatiquement le crime & l'innocence ?*) annonçoit d'une maniere terrible à ceux qui servoient la Nation le sort qui les attendoit, s'ils trahissoient (*Ce délit n'est donc pas* VAGUE & INDÉFINI *, comme vous le disiez au sujet de Lally.*) la confiance qu'on avoit en eux. Il n'y en eut aucun qui ne se dît au fond de son cœur dans le moment du combat : C'est ici qu'il faut périr, plutôt que dans l'infamie du supplice. Ainsi le sang d'un homme accusé de lâcheté, devint un germe d'héroïfme. (*Pourquoi de même le fang d'un homme accufé de trahifon, ne deviendroit-il pas un germe de fidélité ? Au refte je n'adopterai cette Logique de M. l'Abbé Raynal, qu'en fubftituant le mot CONVAINCU à celui d'ACCUSÉ.*)

T. 3, L. XIX, C. 107, *pp.* 462 — 463.

On pourroit douter .... fi la liberté a plus à fe plaindre de ceux qui ont l'infolence de l'envahir, que de l'imbécillité de ceux qui ne favent pas la défendre. .... Il n'eft jamais permis à un homme, quel qu'il foit, de traiter fes Commettans comme un troupeau de bêtes. .... Peuples, ne permettez donc pas à vos prétendus Maîtres de faire même le bien contre votre volonté générale. (*A plus forte raifon faudroit-il empêcher le fimple Repréfentant & le Co-Sujet d'un Maître légitime de faire le mal contre la volonté de ce Maître & du Peuple. Et nous voilà revenus, pour ce Chef* INCAPABLE, FOU NOIR & ODIEUX, *à la cruelle néceffité d'un Exécuteur de la Juftice, puifque dans aucun Etat policé perfonne ne peut fe la faire foi-même : C'eft en pareilles circonftances que le retranchement d'un Membre de la Société affure l'exiftence de 20,000 autres. Une fauffe clémence eft quelquefois une vraie cruauté.*)

Tom. 3, Ch. 109, pp. 504 — 505.

Quand les progrès du GOUVERNE-MENT Militaire ont amené le defpotif-me, alors il n'y a plus de Nation.........
L'efprit de défunion & de haine gagne entre tous les états alternativement cor-rompus & flétris. (*Combien doit-on févir contre ces Tyrans fecondaires, contré ces Corrupteurs ou Flétriffeurs en Place qui s'acharnent à décourager ou détruire ce Pa-triotifme dont ils devroient donner les pre-miers l'exemple ?*)

EXTRAIT de l'Hiftoire Générale de VOLTAIRE, Tom. 7, ou du Précis du Siecle de LOUIS XV, Tome 2, Ch. 34, édit. in-12, 1774.

Malheureufement il(*Lally*)ne joignoit pas à fa valeur la prudence, la mo-dération, la patience néceffaires dans une Commiffion fi épineufe. ... (*Delà feu-lement jugez combien les Alliés, les Colons & l'Armée eurent à fouffrir de fa Tyrannie de trois ans, à fix mille lieues de la Mé-tropole & du Monarque!*) .... Ces objets l'irriterent & allumerent en lui cette mauvaise humeur qui sied mal à un Chef, & qui nuit toujours aux affaires. (*Indépendamment des pieces du Procès, vous convenez donc qu'il a fait bien du mal.*) S'il avoit ménagé le Conseil, s'il avoit caressé les principaux Officiers, (*Pourquoi donner une tournure dérisoire aux égards convenables entre Gens en Place, entre hommes, entre François ?*) il auroit pu se procurer des secours d'argent, établir l'union, & mettre en sureté Pondichery.... Je trouve dans un Journal de l'Inde, fait par un Officier Principal, ces propres paroles : *Il ne parle que de chaines & de cachots, sans avoir égard à la distinction & à l'âge des personnes. Il vient de traiter ainsi M. de Moracin lui-même. M. de Lally se plaint de tout le monde, & tout le monde se plaint de lui........* Par ses plaintes & ses emportemens atroces, Lally s'étoit fait autant d'ennemis qu'il y avoit d'Officiers & d'Habitans dans Pondichery. On lui rendoit outrage pour outrage. (*L'homme le plus soumis, le plus docile, le plus patient peut être poussé à bout. Voyez les éloges donnés par M. Raynal à cette Colonie de l'Amérique Françoise, qui prit en 1717 le parti hazardeux de renvoyer en*

Europe un Gouverneur & un Intendant qui la faisoient gémir sous le despotisme de leur avarice. Hist. des deux Indes, in-4°, édit. de 1775, Tom. 2, Liv. 13, Ch. 100, pp. 553, 554.) Il en fut tellement ému, que sa tête en parut quelque temps dérangée. (*Ainsi des deux illustres Ecrivains qu'on m'avoit dit lui être favorables, l'un l'appelle FOU NOIR & ODIEUX; l'autre lui reproche des EMPORTEMENS ATROCES. Il seroit à désirer qu'un Auteur de ce poids eût examiné le Procès de Lally avec autant de profondeur & d'impartialité que Bayle a discuté celui de Marillac , bien que les résultats du Philosophe me paroissent un peu trop sévères contre le Maréchal. Rien ne lavera la mémoire du Cardinal de Richelieu sur ce choix si scandaleux de Juges & la fréquence de ces Commissions extraordinaires, dont un Jurisconsulte Breton a démontré l'incompétence & l'abus dans un Ecrit plein de force & de vérité , in-12 , 1766. Page 94 , Note 121, on y établit la compétence ou légitimité du Tribunal qui jugea Lally.*) Trahir les intérêts, ne signifie dans notre Langue que mal conduire , oublier les intérêts de quelqu'un , nuire à ses intérêts, non pas être perfide & traitre. (*Le Héros*

de la Littérature & de l'Académie Fran-
çoifes n'auroit-il pas ici confondu le fens
vague du langage habituel avec l'acception
étroite & pofitive du ftyle judiciaire ?).......
Il n'y a pas un feul exemple d'un condam-
né avouant fes fautes, qui ait chargé fes
Juges d'injures & d'opprobres.) *En accor-*
dant à Voltaire ce point très-conteftable,
auroit-il pu difconvenir à fon tour que ce rai-
fonnement n'a point de force pour les condam-
nés niant leurs fautes ?) *** Notez que
la narration de Voltaire eft fort contre-
dite dans *le Tableau Hiftorique de l'Inde*
in-16 1771. Au furplus, malgré tout le
chagrin qu'une ame droite peut reffentir de
ce qu'on trouble les cendres d'un jufte
tel que M. de Leyrit, pour r'animer
celles d'un homme qui s'étoit attiré
l'exécration de l'Europe & de l'Afie, un
motif déterminant lui fera goûter la
revifion du Procès de Lally. Si cette
nouvelle procédure ne manifefte pas
l'innocence du Général fupplicié, du
moins démontrera-t-elle de nouveau les
imperfections & les abus de notre Jurif-
prudence criminelle. Quant à ceux qui
nient férieufement la compétence du Parlement de Paris fur le procès d'un Guer-
rier, comment prouveront-ils qu'il n'ap-

partient pas à cette premiere de nos Cours Souveraines de connoître & de juger les malverſations , vexations , ſéductions & trahiſons, de quelque part & par quelque perſonne qu'elles aient été commiſes ? Long temps depuis l'Arrêt de 1766 le Gouvernement a fait réviſer par un autre Parlement , le Jugement qu'un Conſeil de Guerre , préſidé par un des Chefs Naturels de la Nobleſſe & du Militaire , avoit prononcé ſur un Homme d'Epée , dans une conjoncture très-analogue à ſa Profeſſion. A Dieu ne plaiſe que j'aie l'infernale velléïté de rallumer les quérelles éteintes ! Je dis ſeulement que ma vue bornée ne peut encore pénétrer l'inconſéquence ni l'incompétence dans l'unanimité de quarante-quatre Magiſtrats , applaudie par l'innombrable pluralité du Public & des Intéreſſés , ſur tout quand cette unanimité , peut-être unique , empêche toute comparaiſon avec les condamnations antérieures de ces illuſtres Malheureux dont on a juſqu'à-préſent réhabilité la mémoire. *Fiant Lux & Juſtitia.*

Je ſuis, M. votre &c.

P. S. En conteſtant à M. d'Epréméſnil la réalité d'un intérêt do-
meſtique & particulier qui , je l'avoue , me paroît vif & direct , on lui
en reproche la liaiſon avec l'intérêt public & général qui , ſelon moi ,
donne le plus beau relief & les plus nobles couleurs à ſa cauſe.
Lecteur équitable & judicieux , ſuis-je dans l'erreur ?